Inhaltsverzeichnis

Das weiß ich noch

Links – rechts – oben – unten

1 Kreuze an: *links* oder *rechts*?

a)

links rechts

b)

links rechts

c)

links rechts

2 Kreuze an *oben* oder *unten*.

a)

☐ oben
☐ unten

b)

☐ oben
☐ unten

c)

☐ oben
☐ unten

3 Kreuze an.

a) 

b) 

c) 

d) 

1 links und rechts unterscheiden durch Ankreuzen
2 oben und unten unterscheiden durch Ankreuzen
3 oben/unten und rechts/links unterscheiden durch Ankreuzen

So gut kann ich die Aufgaben: ✓ ?

Lagebeziehungen erkennen

1 Ordne zu.

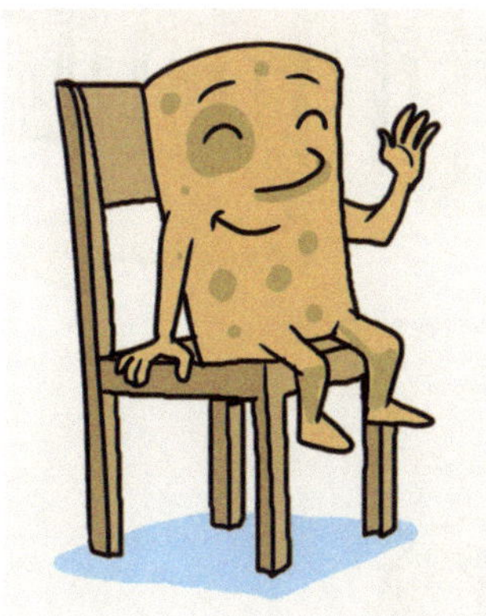

auf

unter

zwischen

vor

hinter

So gut kann ich die Aufgaben: ☐ ✓ ☐ ?

Bild und Präposition zuordnen

Vor – hinter

1 a) Vor dem Zaun …

b) Hinter dem Zaun …

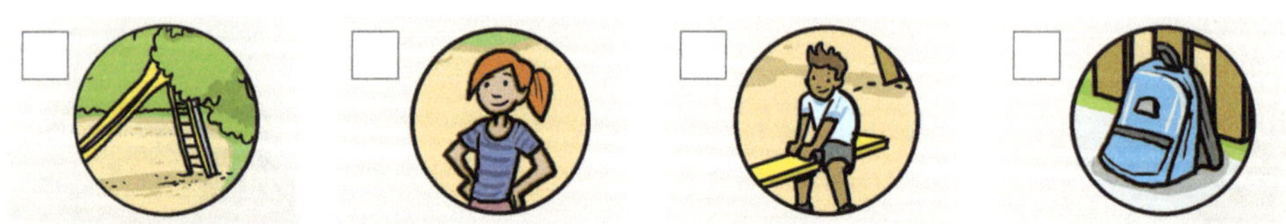

2 a) Vor dem Baum …

b) Hinter dem Baum …

Gegenstände im Bild wiederfinden und ankreuzen, wo diese sich befinden

So gut kann ich die Aufgaben: ☐✓ ☐?

Auf – zwischen – unter

1 Ole soll aufräumen. Wo findet er die Gegenstände?

a)

☐ auf
☒ zwischen
☐ unter

b)

☐ auf
☐ zwischen
☐ unter

c)

☐ auf
☐ zwischen
☐ unter

d)

☐ auf
☐ zwischen
☐ unter

e)

☐ auf
☐ zwischen
☐ unter

f)

☐ auf
☐ zwischen
☐ unter

g)

☐ auf
☐ zwischen
☐ unter

h)

☐ auf
☐ zwischen
☐ unter

So gut kann ich die Aufgaben: ✓ ?

Gegenstände im Bild wiederfinden und ankreuzen, wo diese sich befinden

Ansichten

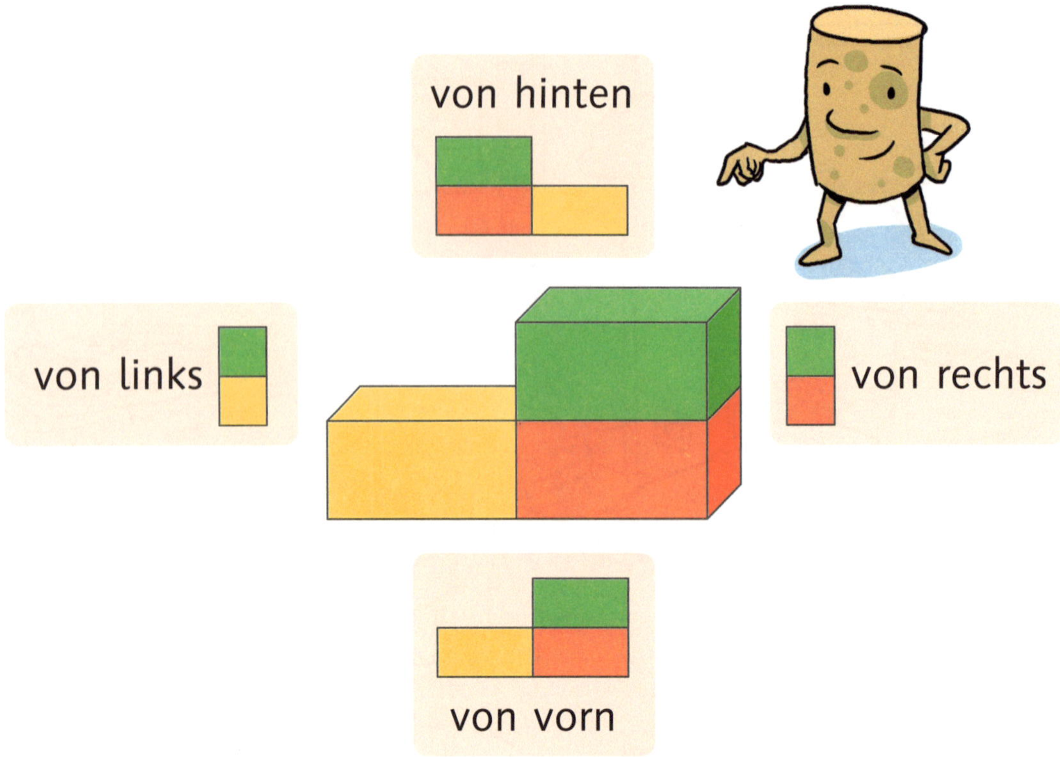

1 Wer sieht was? Verbinde.

Ansichten auf den Zeichnungen wiedererkennen und den Kindern zuordnen

So gut kann ich die Aufgaben: ✓ ?

1 Kreuze an.

a) Was siehst du von links?

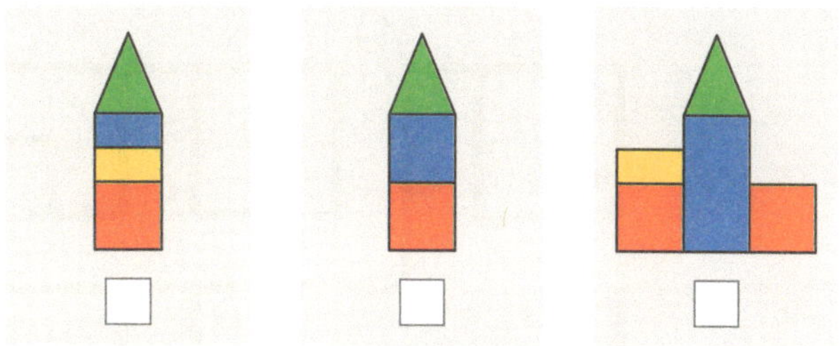

b) Was siehst du von rechts?

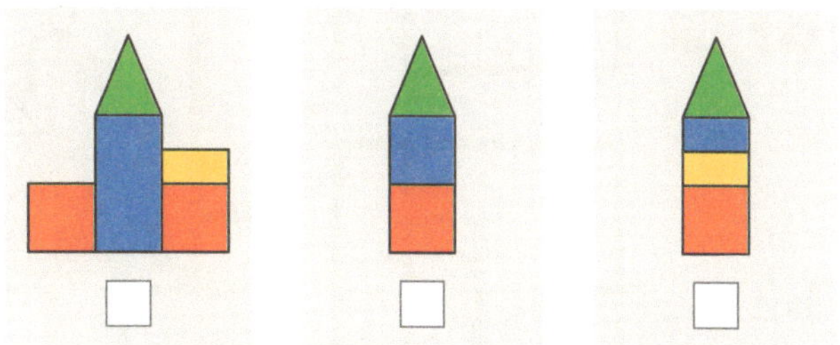

2 Wer sieht was? Male aus.

So gut kann ich die Aufgaben: ✓ ?

1 richtige Ansicht ankreuzen 2 zuordnen, wer welche Ansicht des Bauwerks sieht, farbig ausmalen

Wegbeschreibungen

1 Zeichne die Wege ein.

a)
2 nach rechts →
4 nach unten ↓
7 nach links ←
4 nach oben ↑
5 nach links ←

Murat ist am Ausgang ☐

b)
2 nach unten ↓
5 nach links ←
3 nach oben ↑
1 nach links ←
4 nach unten ↓

Murat ist am Ausgang ☐

2 ★

a) Beschreibe den Weg zum Ausgang D.

☐ nach ______
☐ nach ______
☐ nach ______
☐ nach ______
☐ nach ______

b) Beschreibe den Weg zum Ausgang A.

☐ nach ______
☐ nach ______
☐ nach ______
☐ nach ______
☐ nach ______

1 den richtigen Weg für Murat finden, einzeichnen und den Ausgang eintragen 2 einen Weg zum vorgegebenen Ausgang wählen, einzeichnen und beschreiben

So gut kann ich die Aufgaben: ✓ ?

Lagebeziehungen

1 Kreuze an.

✓ ?

a)

- ☐ auf
- ☐ zwischen
- ☐ unter

b)

- ☐ auf
- ☐ zwischen
- ☐ unter

c)

- ☐ auf
- ☐ zwischen
- ☐ unter

d)

- ☐ auf
- ☐ zwischen
- ☐ unter

2 Kreuze an.

a) Was siehst du von rechts?

✓ ?

☐

☐

☐

b) Was siehst du von links?

✓ ?

☐

☐

☐

Geometrische Formen

das Rechteck | das Quadrat | das Dreieck | der Kreis

1 Benenne die Formen und ordne sie zu.

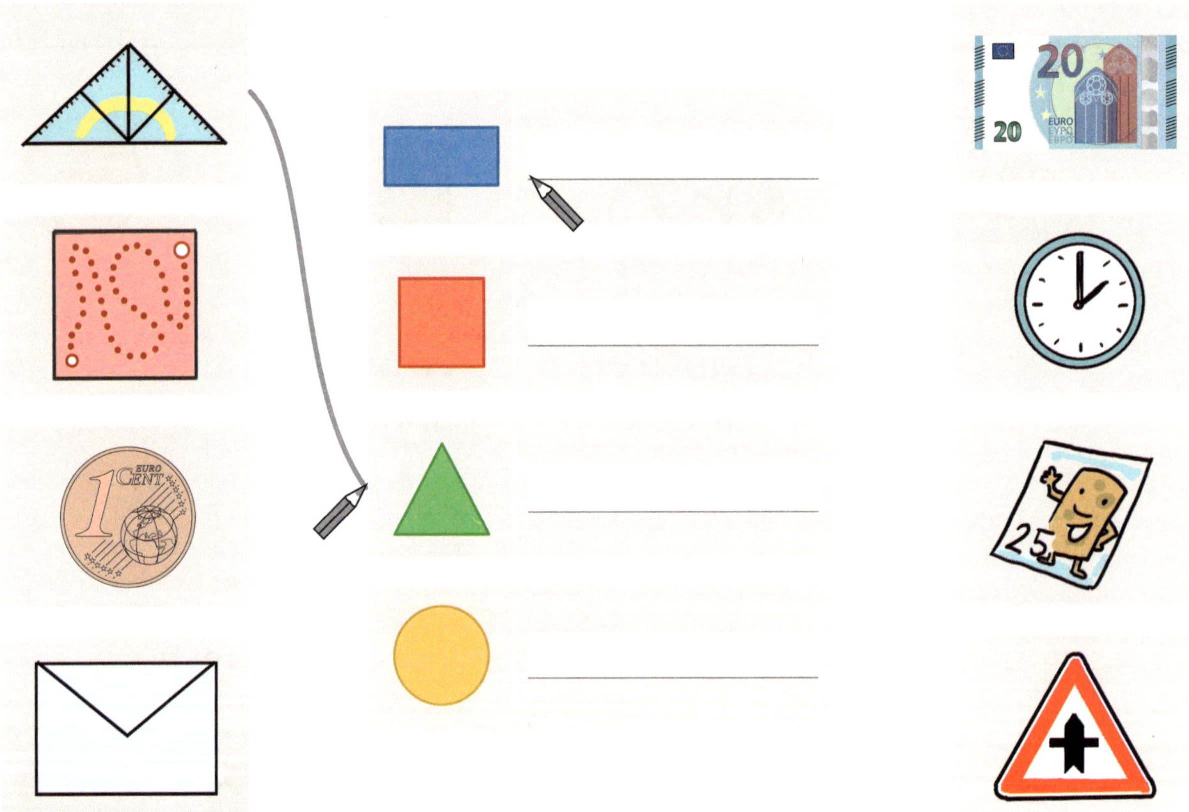

2 Erkenne die Formen. Male aus.

1 Formen benennen, Begriff eintragen und Gegenstände zuordnen 2 Formen finden und ausmalen

So gut kann ich die Aufgaben: ✓ ?

Geometrische Formen erkennen

1 Male und zähle.

a)

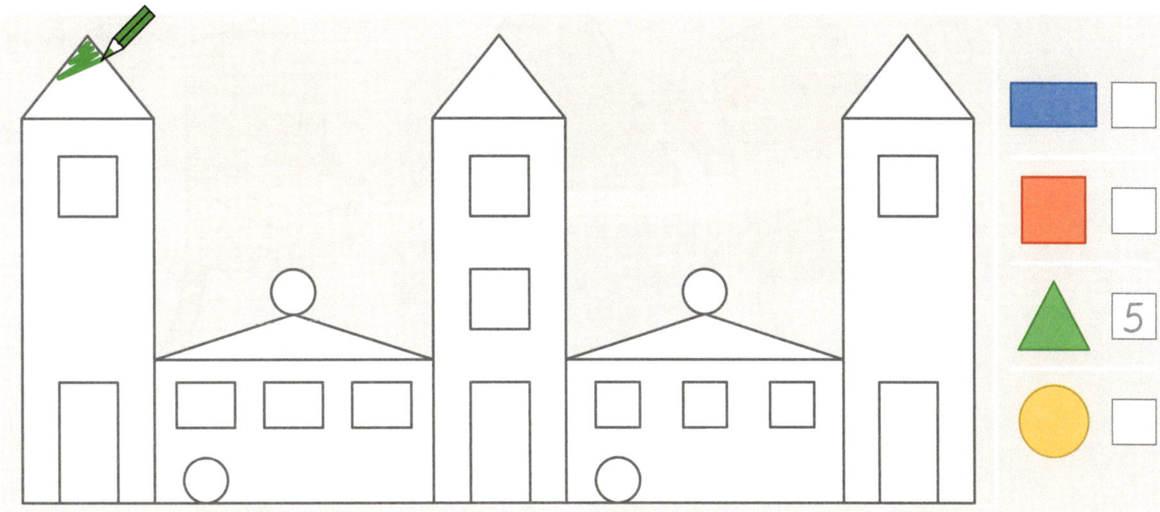

b)

2 Zeichne.

★

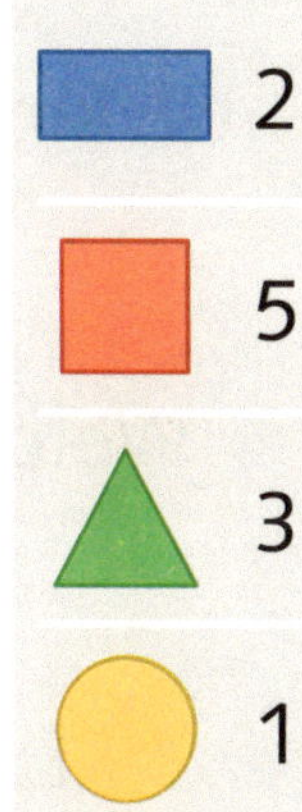

So gut kann ich die Aufgaben: ✓ ?

1 Formen finden, ausmalen und zählen
2 Formen nach Anweisung zeichnen und ausmalen

Formen beschreiben

Vierecke			
Das Rechteck	**Das Quadrat**	**Das Dreieck**	**Der Kreis**
Es hat 4 Ecken.	Es hat 4 Ecken.	Es hat 3 Ecken.	Er hat keine Ecken.
Es hat 4 Seiten.	Es hat 4 gleich lange Seiten.	Es hat 3 Seiten.	Er ist rund.

1 Kreuze an.

a) Welche Form hat vier Ecken? Dreieck ☐ Viereck ☐ Kreis ☐

b) Welche Form ist rund? Quadrat ☐ Dreieck ☐ Kreis ☐

c) Welche Form hat drei Seiten? Dreieck ☐ Kreis ☐ Rechteck ☐

d) Welche Form hat vier gleich lange Seiten? Quadrat ☐ Kreis ☐ Rechteck ☐

Eigenschaften geometrischer Formen erfassen und anhand der Merksätze beschreiben

So gut kann ich die Aufgaben: ✓ ?

Figuren am Geobrett

1 Spanne und zeichne.

a)

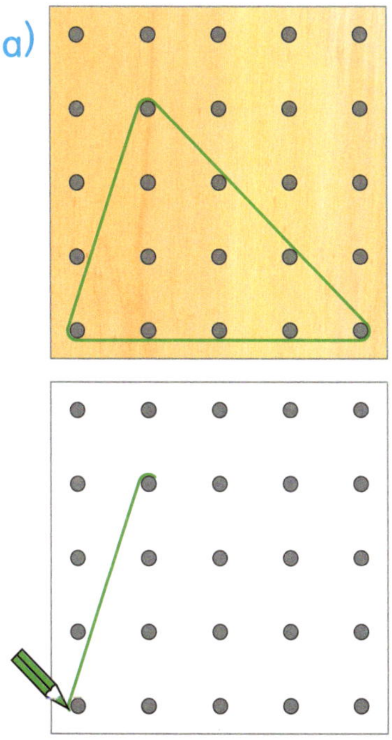

b)

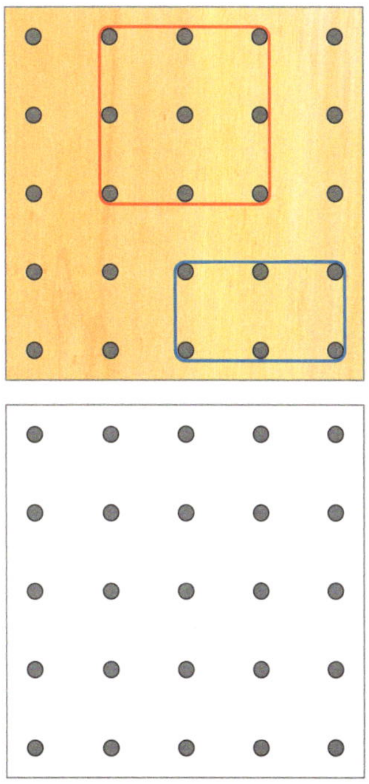

c)

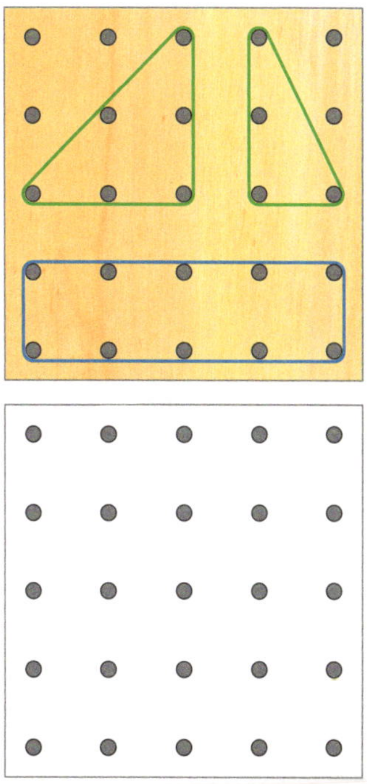

d)

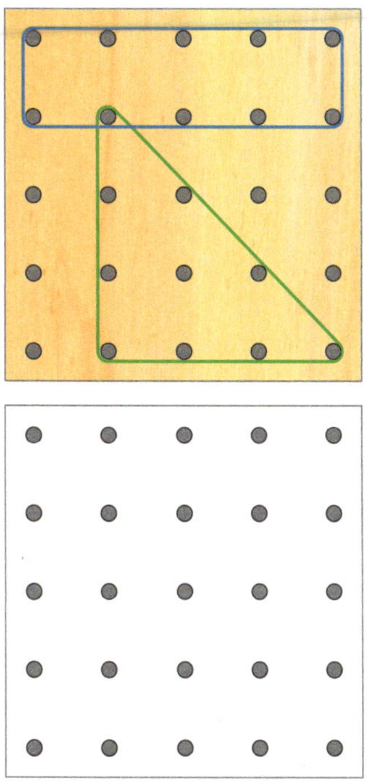

e)

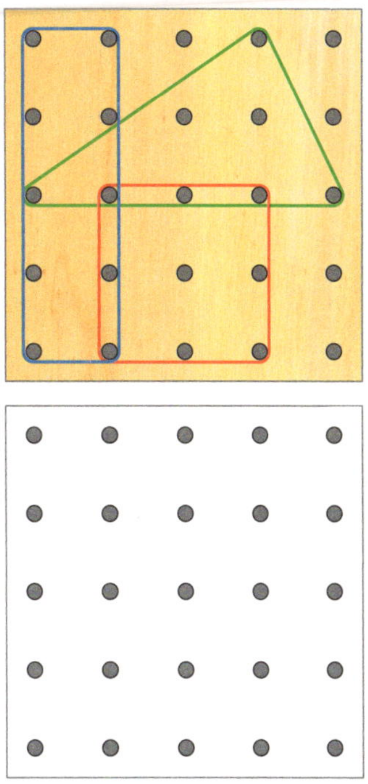

f)

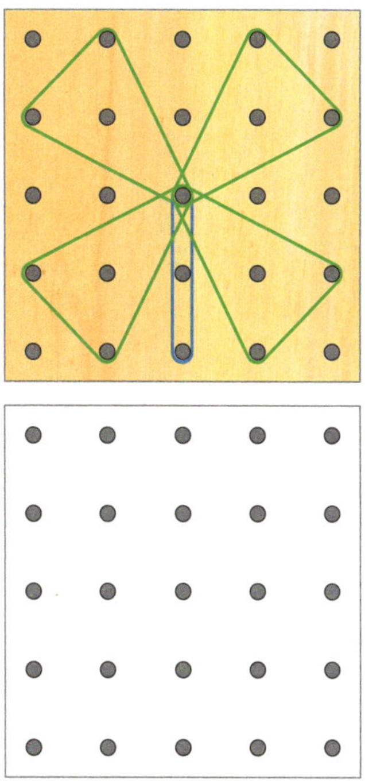

So gut kann ich die Aufgaben: ✓ ?

Figuren aus geometrischen Formen nach Vorgabe auf dem Geobrett spannen und zeichnen

1 Spanne und zähle.

a)
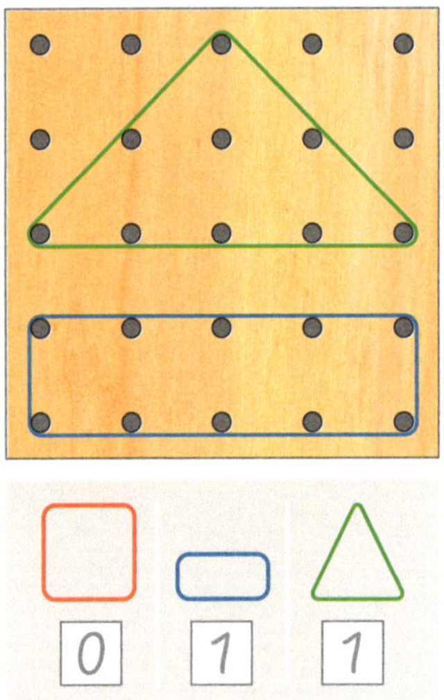

b)
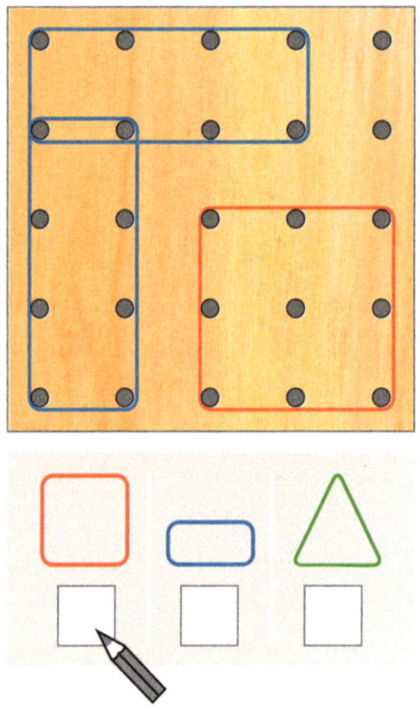

c)
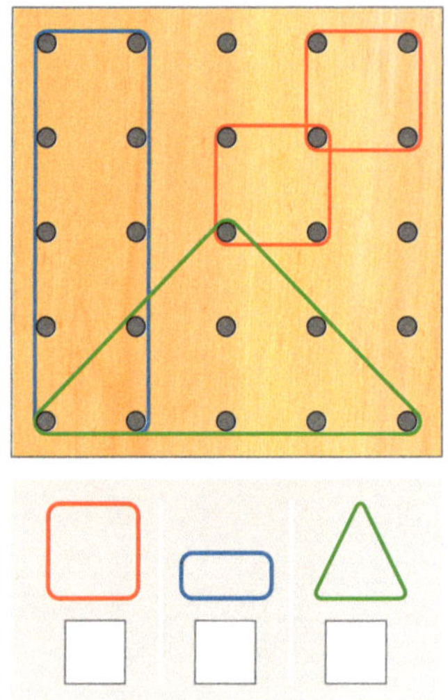

2 Spanne und zeichne.

a)

b)

c)

d)
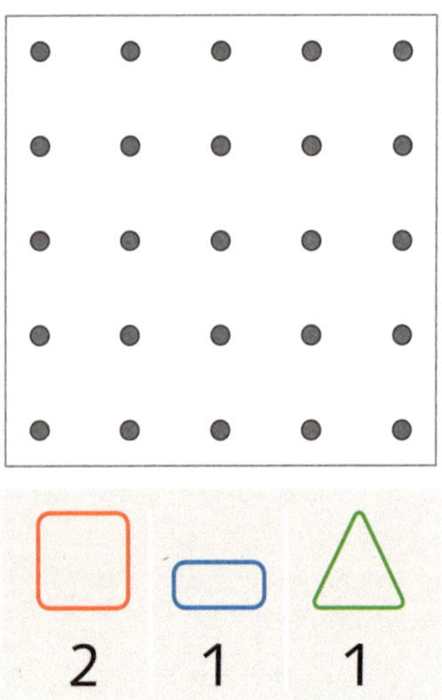

e)

f) ★
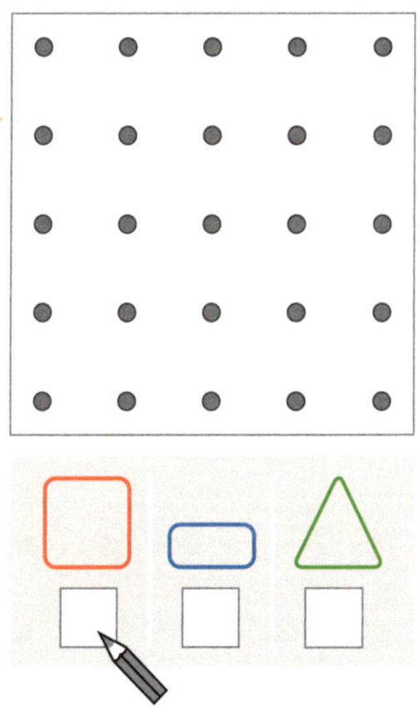

1 Formen auf dem Geobrett spannen und zählen 2 Formen nach Vorgabe auf dem Geobrett spannen und zeichnen, f) Anzahl eintragen und auf dem Geobrett spannen

So gut kann ich die Aufgaben: ✓ ?

1 Zeichne die Formen.
Spanne dann auf dem Geobrett.

a) Zeichne 2 Quadrate.

b) Zeichne 2 Dreiecke.

c) Zeichne 3 verschiedene Rechtecke.

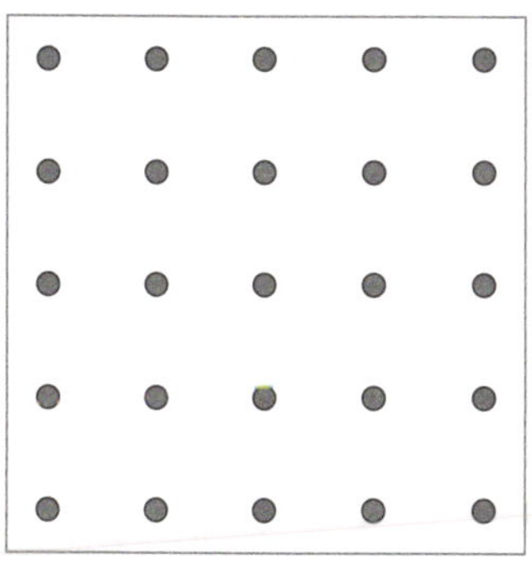

d) Zeichne 3 gleich große Dreiecke.

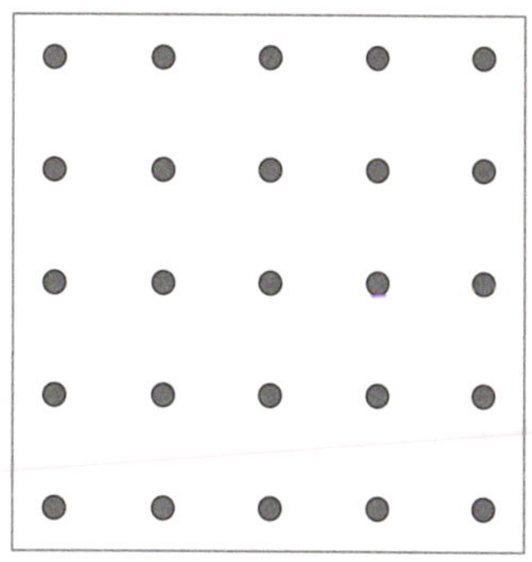

e) ★ Zeichne ein großes Quadrat.
Fülle es mit 2 Dreiecken.

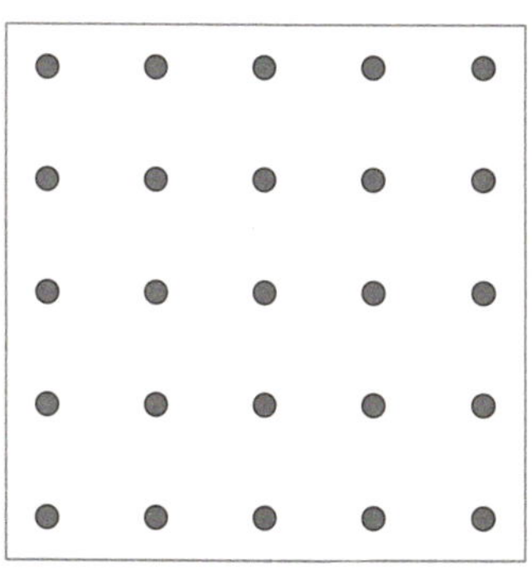

f) ★ Zeichne ein großes Quadrat
Fülle es mit 4 Vierecken.

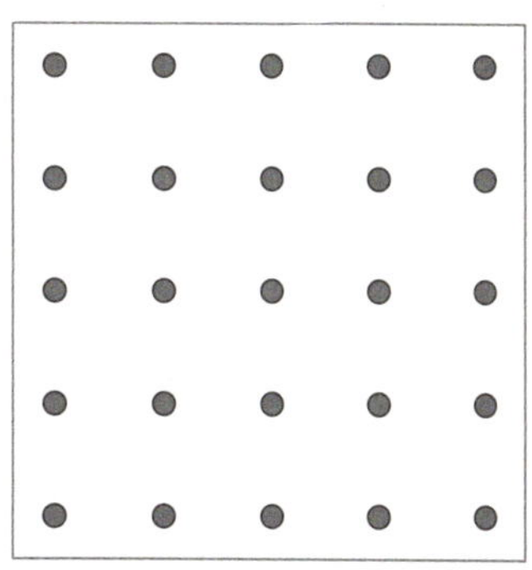

So gut kann ich die Aufgaben: ✓ ?

Aufgabenstellung erfassen, Formen zeichnen und auf dem Geobrett spannen

Mit dem Lineal zeichnen

1 Verbinde die Zahlen in der richtigen Reihenfolge.
Nimm dein Lineal.

2 Zeichne dein eigenes Bild mit dem Lineal.

1 Punkte mit dem Lineal verbinden
2 eigene Linien mit dem Lineal zeichnen

So gut kann ich die Aufgaben: ✓ ?

1 Zeichne mit dem Lineal. Starte unten.

2 nach oben ↑
3 nach rechts →
2 nach oben ↑
3 nach rechts →
2 nach oben ↑
3 nach rechts →

2 Zeichne das Spinnennetz weiter.

a) Zeichne gerade Linien mit dem Lineal.

b) Zeichne krumme Linien ohne Lineal.

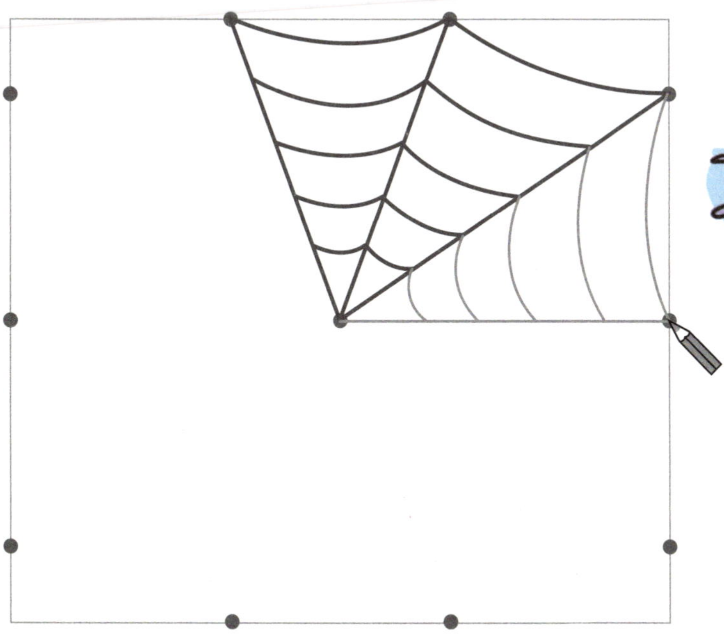

So gut kann ich die Aufgaben: ✓ ?

1 nach Vorgabe oder Wegbeschreibung Linien mit dem Lineal zeichnen 2 mit Lineal und frei Hand das Spinnennetz vervollständigen

Geometrische Formen zeichnen

1 Zeichne das Dreieck, das Rechteck und das Quadrat mit dem Lineal.

2 Zeichne ein Dreieck, ein Rechteck und ein Quadrat ohne Lineal.

3 a) Zeichne mit dem Lineal weiter.

7 nach rechts →
4 nach unten ↓
7 nach links ←
4 nach oben ↑

b) Welche Form siehst du? ______________________

1 mit dem Lineal durch Punkte vorgegebene geometrische Formen zeichnen 2 geometrische Formen ohne Lineal zeichnen 3 nach Vorgabe oder Wegbeschreibung Linien zeichnen, die Form erkennen

So gut kann ich die Aufgaben: ✓ ?

1 ★ Zeichne die Formen  nach.

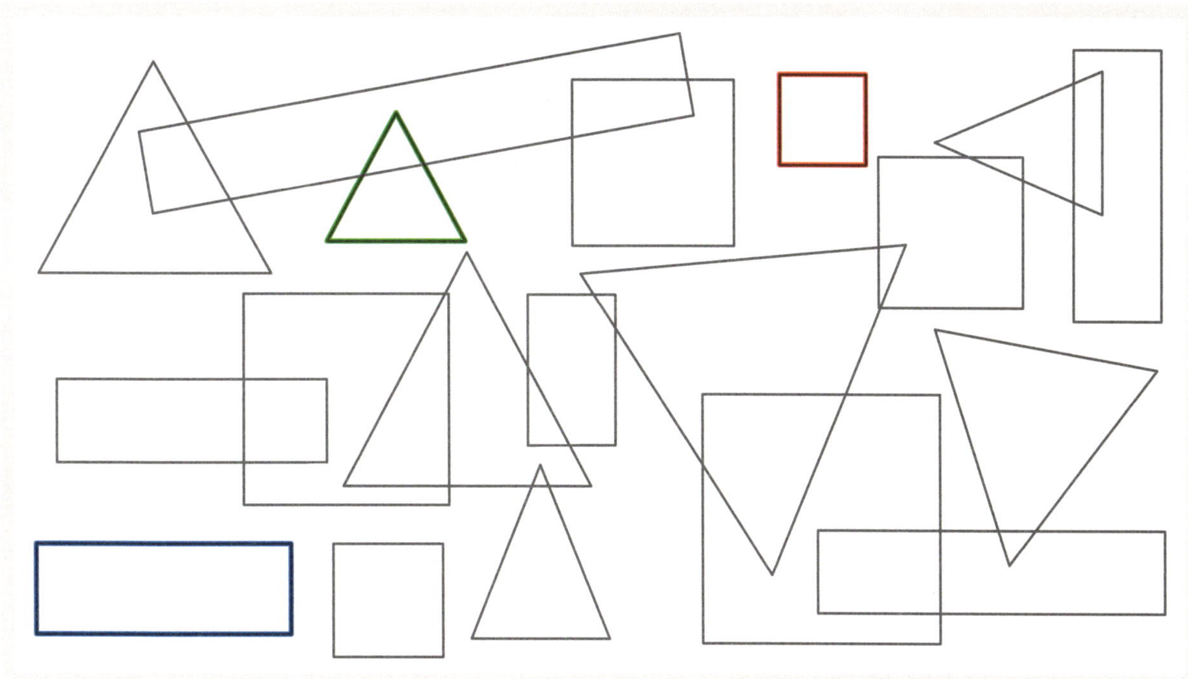

2 Ergänze

a) die Dreiecke,

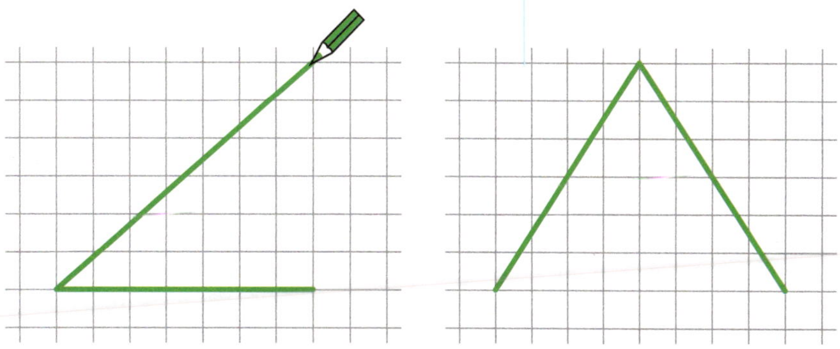

b) die Rechtecke,

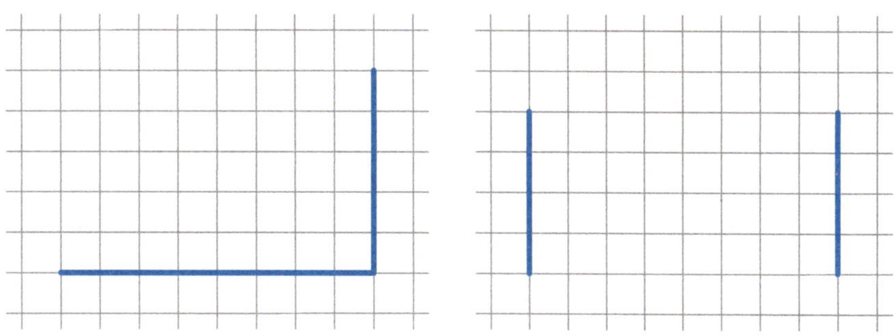

c) die Quadrate.

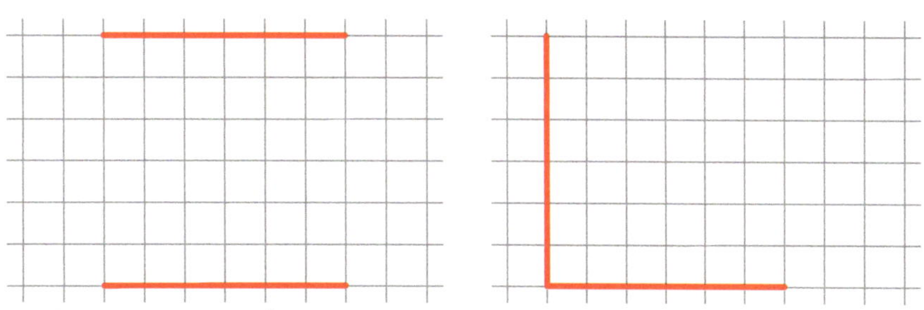

So gut kann ich die Aufgaben: ☐✓ ☐?

1 geometrische Formen/Figuren mit oder ohne Lineal nachzeichnen bzw. zeichnen 2 geometrische Formen ergänzen

Muster

1 Setze die Muster fort.

a)
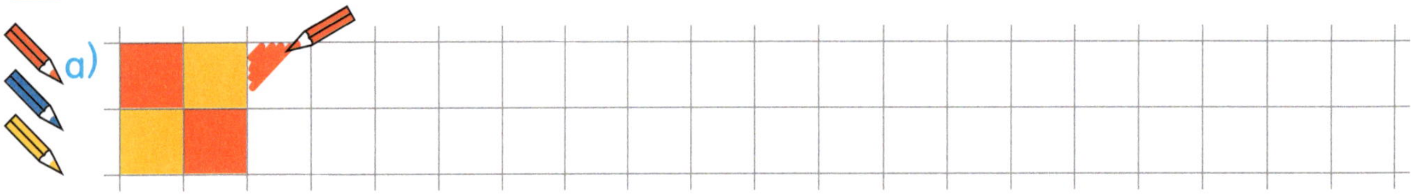

b)
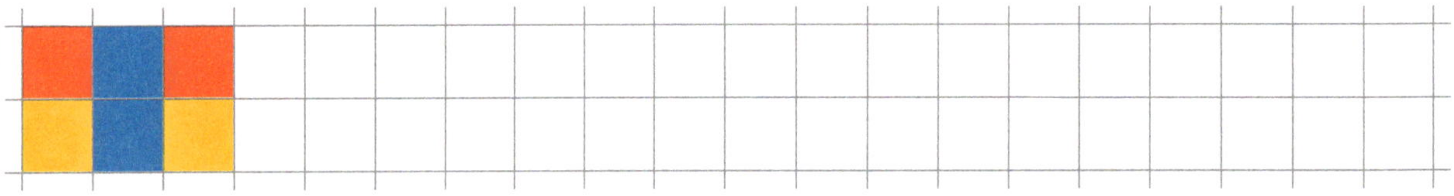

c)
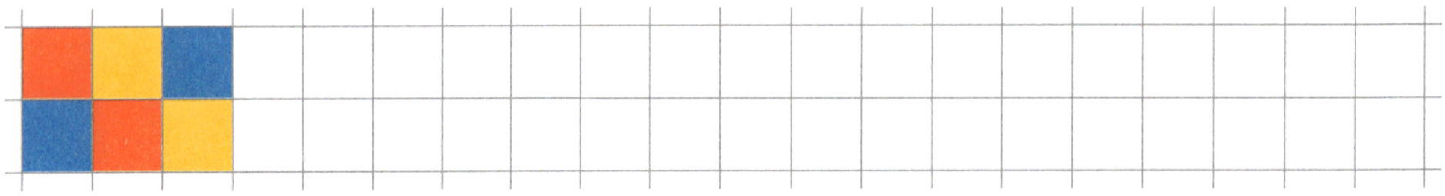

d)
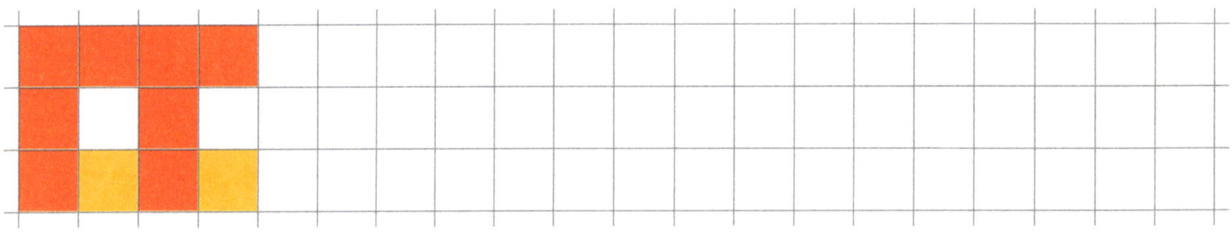

e)
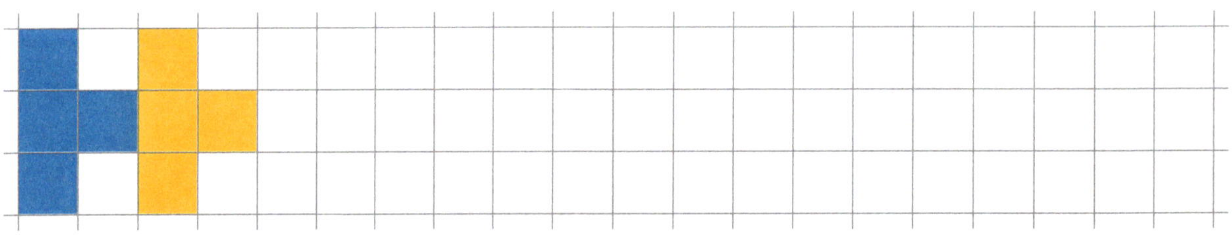

2 Erfinde ein eigenes Muster.

1 Muster nach Vorgabe fortsetzen
2 eigenes Muster erfinden

So gut kann ich die Aufgaben: ✓ ?

1 Setze die Muster fort.

a)

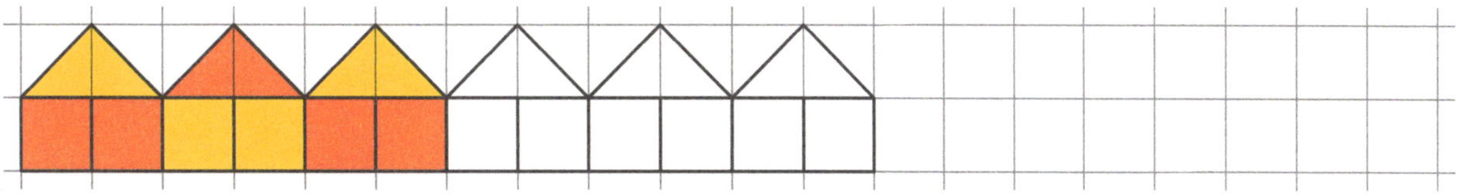

b)

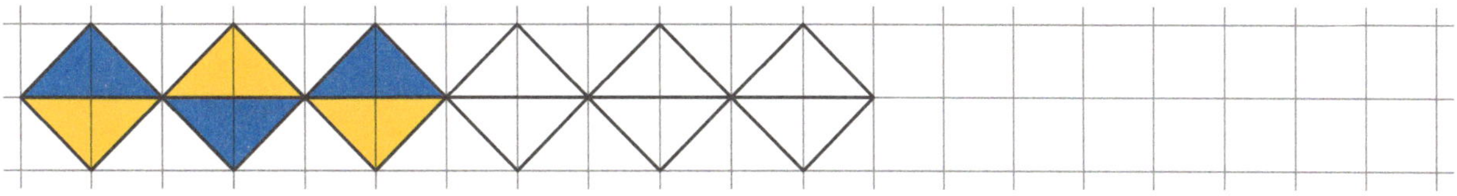

c)

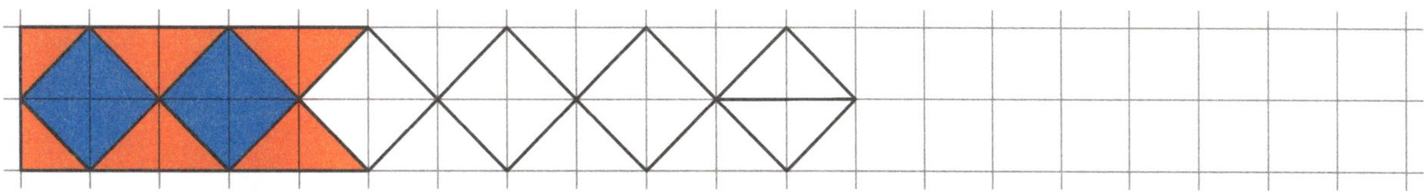

d)

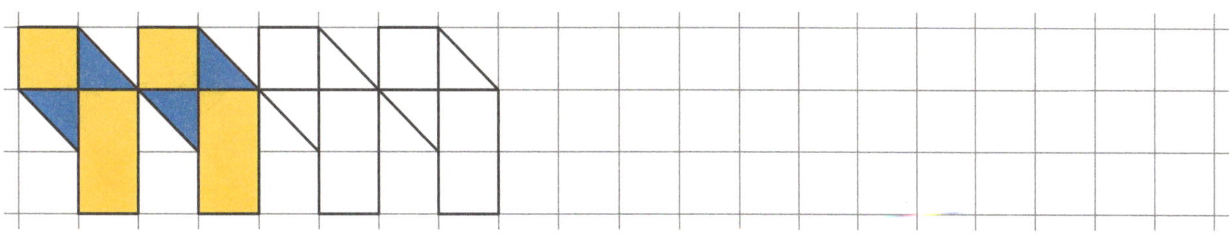

e)

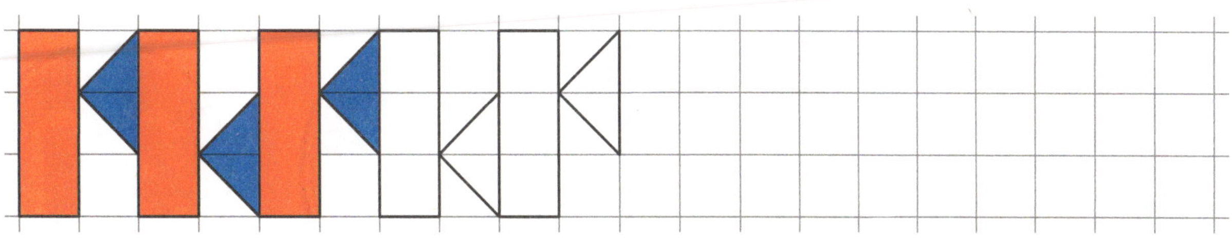

2 Erfinde ein eigenes Muster.

So gut kann ich die Aufgaben: ✓ ?

1 Muster nach Vorgabe fortsetzen
2 eigenes Muster erfinden

Symmetrieachsen zeichnen

1 Zeichne die Symmetrieachse mit dem Lineal ein.

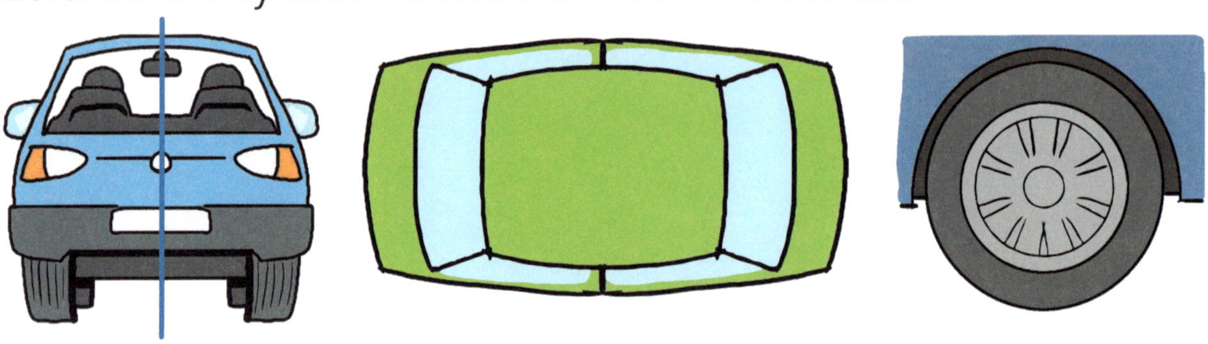

2 Zeichne die möglichen Symmetrieachsen mit dem Lineal ein.

1 jeweils die Symmetrieachsen einzeichnen 2 mögliche Symmetrieachsen finden und mit Lineal einzeichnen

So gut kann ich die Aufgaben: ✓ ?

Symmetrische Figuren

1 a) Finde die symmetrischen Figuren. Kreuze an.

b) Kreise die Fehler ein.

So gut kann ich die Aufgaben: ✓ ?

symmetrische Figuren finden und ankreuzen; Fehler erkennen und einkreisen

Symmetrisch ergänzen

1 Ergänze.

a)
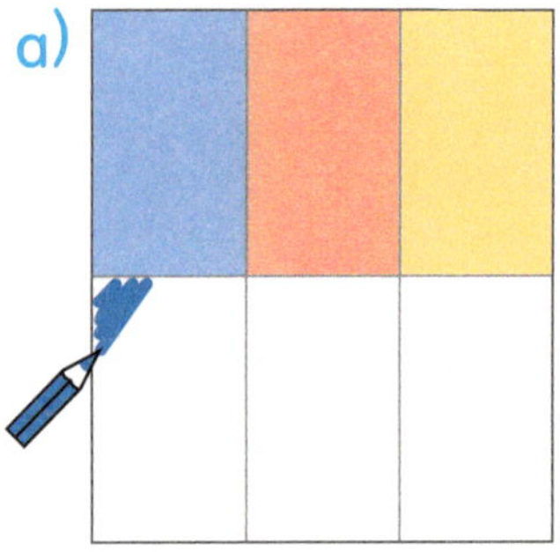

b)

c)

2 Ergänze zu symmetrischen Figuren.

a)
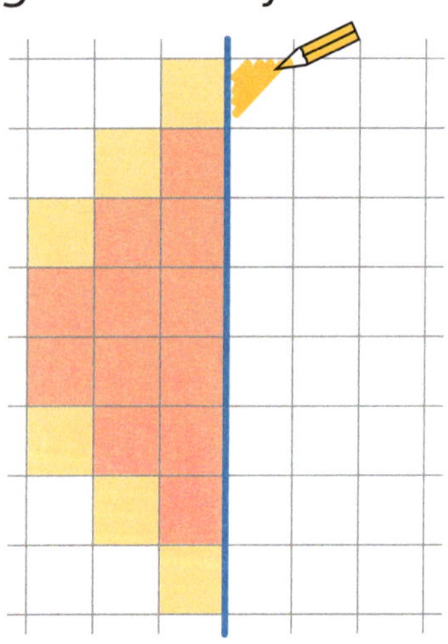

b)

c)
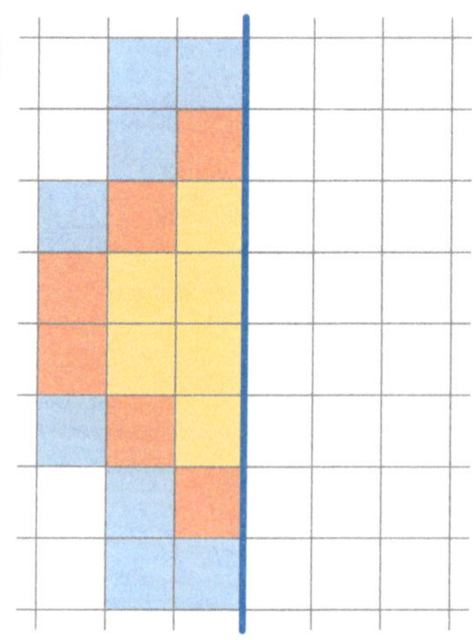

d)
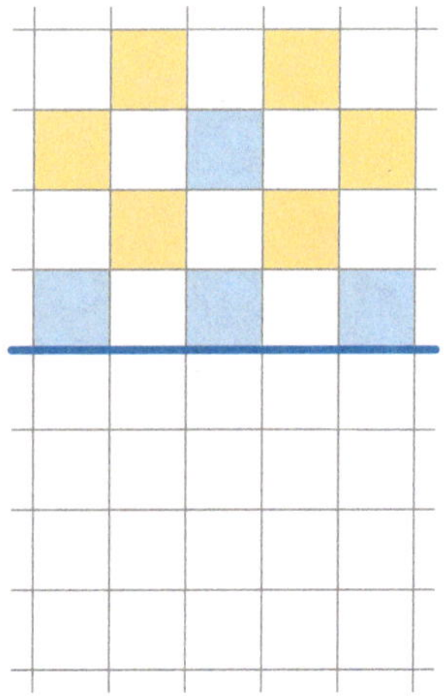

e)
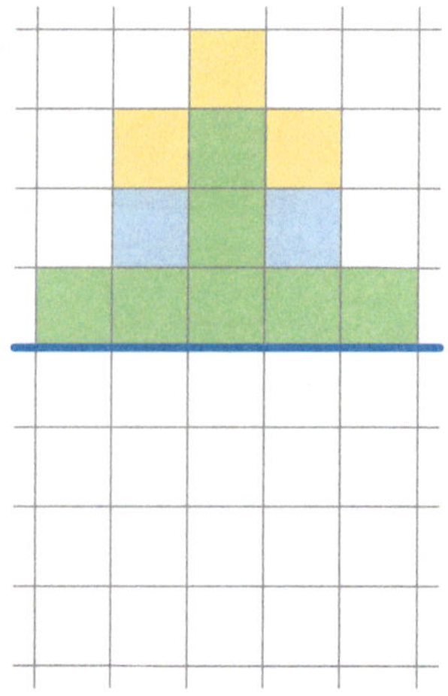

f) ★
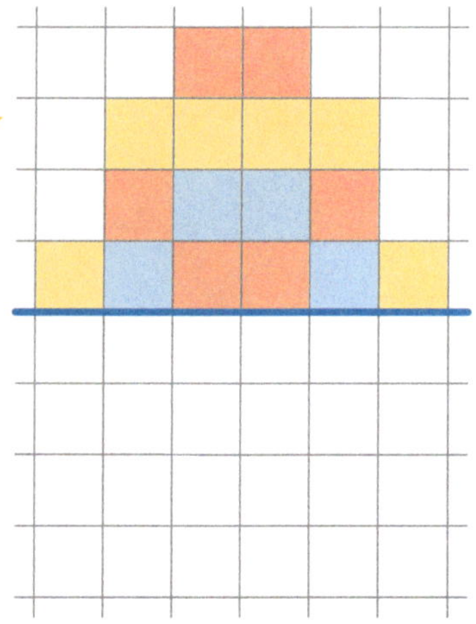

1 Farben symmetrisch ergänzen 2 Mosaike spiegeln

So gut kann ich die Aufgaben: ✓ ?

1 Ergänze. Lies die Wörter.

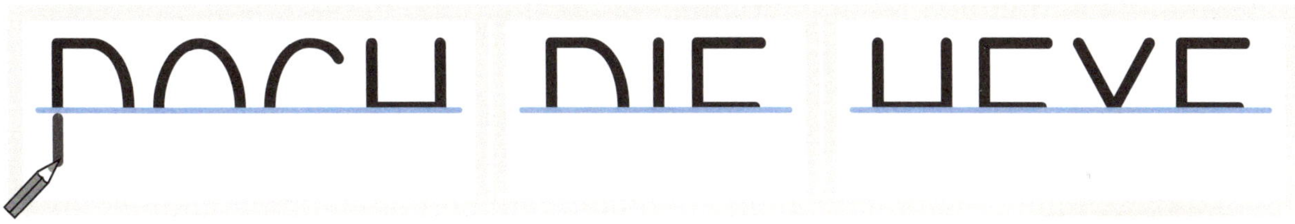

2 Ergänze zu symmetrischen Figuren.

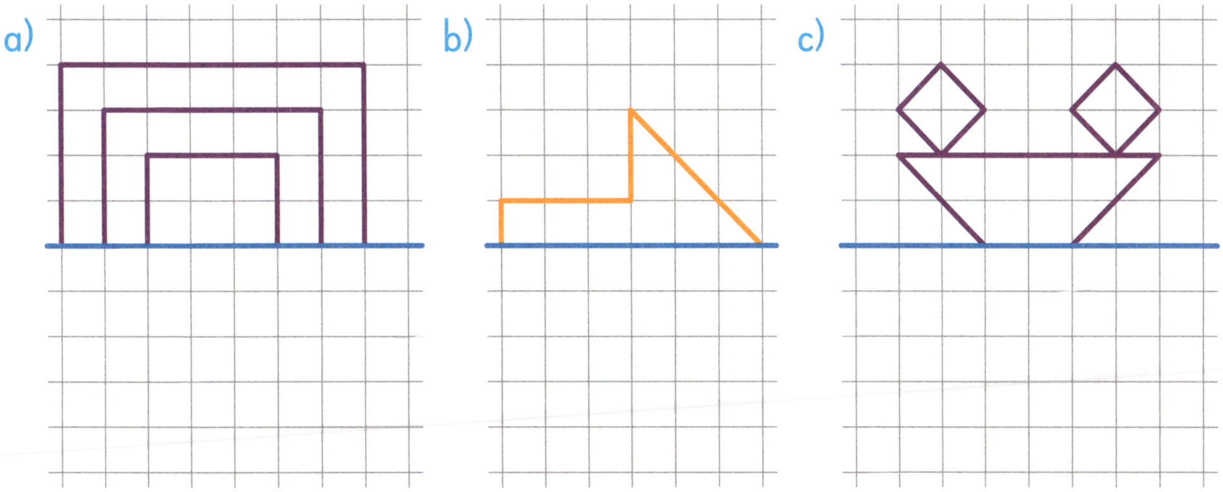

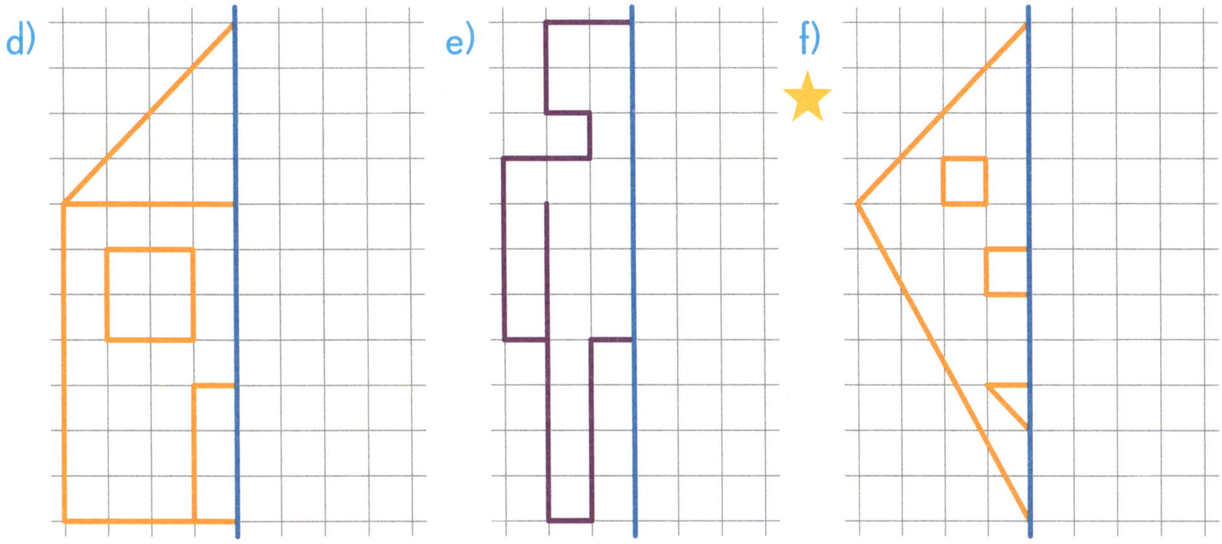

Das kann ich jetzt

Geometrische Formen

1 Zeichne die Formen. Spanne dann auf dem Geobrett.

[✓] [?]

a)

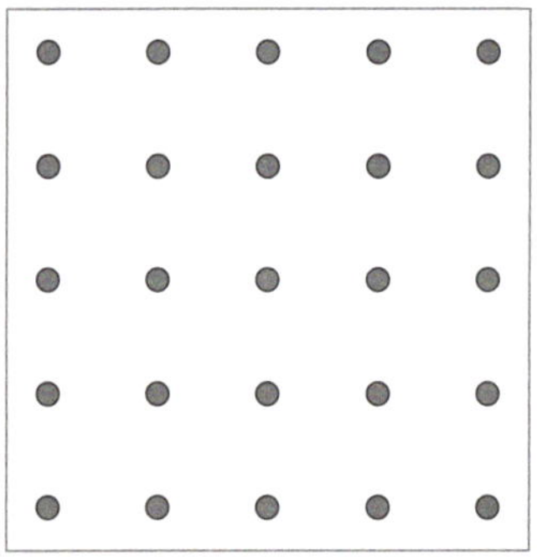

2 1 1

b)

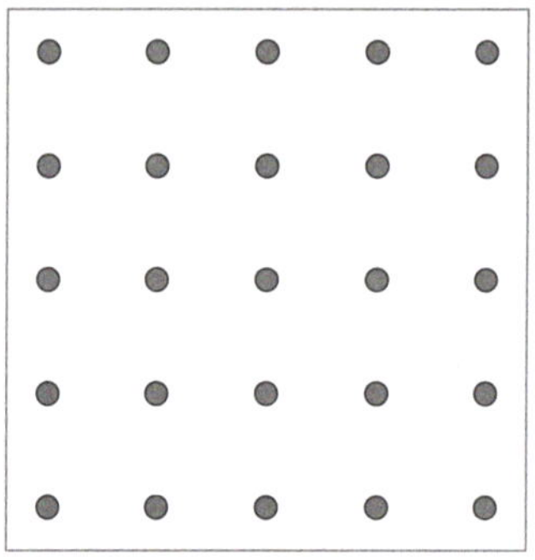

0 2 2

c)

1 1 1

2 Kreuze an.

[✓] [?]

a) Welche Form hat drei Ecken?

Quadrat	Dreieck	Kreis
☐	☐	☐

b) Welche Form hat vier Seite?

Kreis	Dreieck	Rechteck
☐	☐	☐

c) Welche Form hat keine Ecken?

Quadrat	Kreis	Dreieck
☐	☐	☐

3 Ergänze zu symmetrischen Figuren.

[✓] [?]

a)

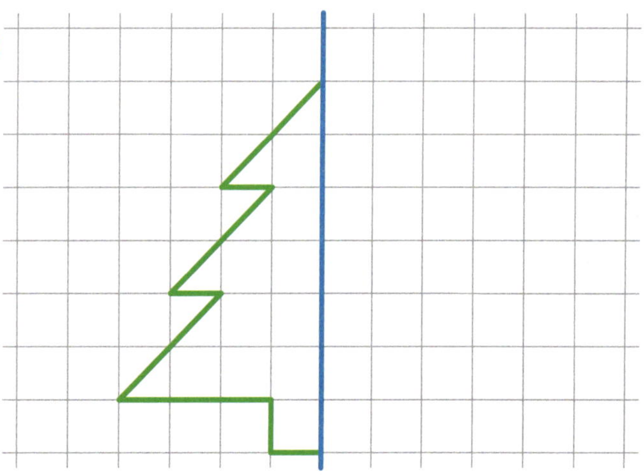

b)

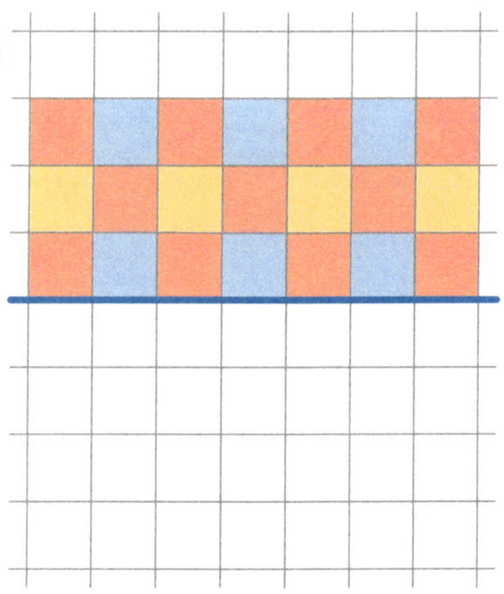

Das weiß ich noch

Geometrische Körper

der Würfel | der Quader | die Kugel | der Zylinder

1 Benenne die Körper. Ordne zu.

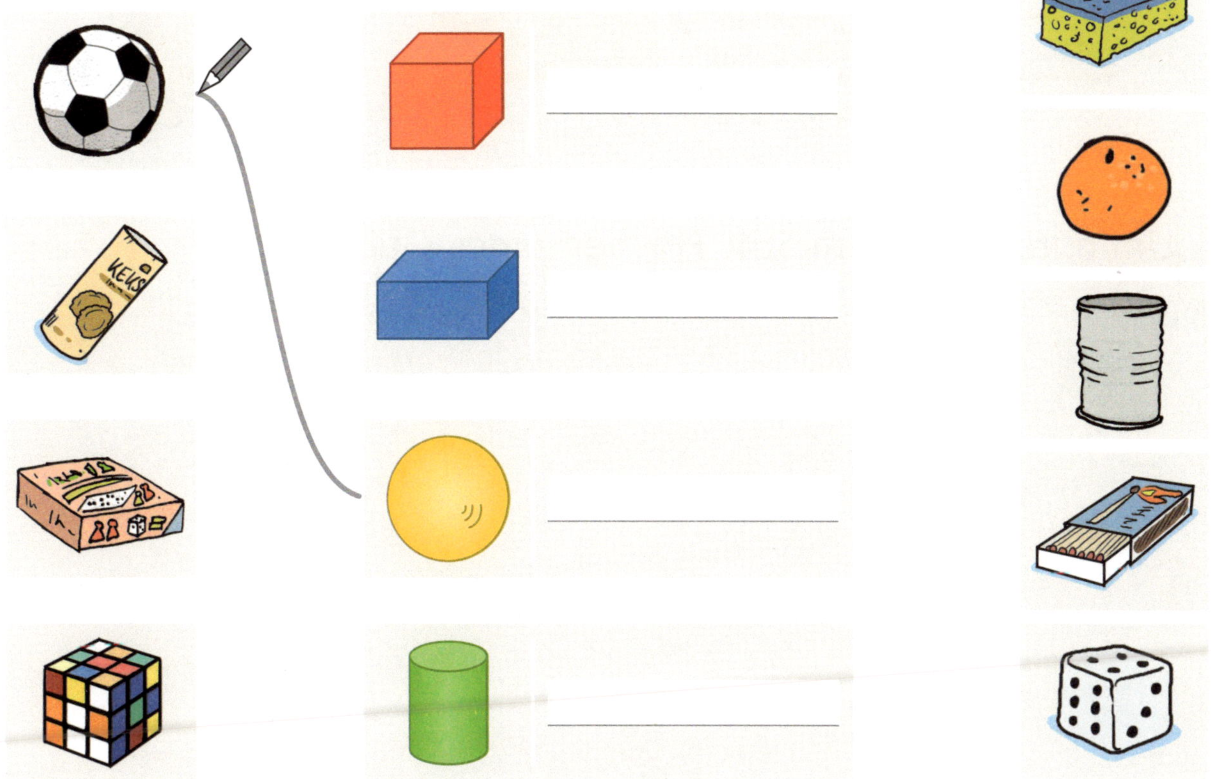

2 Erkenne die Körper. Kreise ein.

So gut kann ich die Aufgaben: ✓ ?

1 Körperform der Gegenstände benennen und richtig zuordnen; Namen des Körpers eintragen 2 Körperformen erkennen und farbig einkreisen

Flächen geometrischer Körper

Ich umfahre mit einem Stift Flächen eines Würfels.
Bei einem Würfel zeichne ich 6 gleich große Flächen.

1 Umfahre mit einem Stift Flächen eines Quaders.

2 Umfahre mit einem Stift Flächen eines Zylinders.

Umrisse von Körpern aus der realen Umwelt zeichnen, gegebenenfalls ein größeres Zeichenblatt verwenden, verschiedene Flächen erkennen

So gut kann ich die Aufgaben: ✓ ?

1 Welche Flächen gehören zu dem Würfel? Male aus.

2 Welche Flächen gehören zu dem Quader? Male aus.

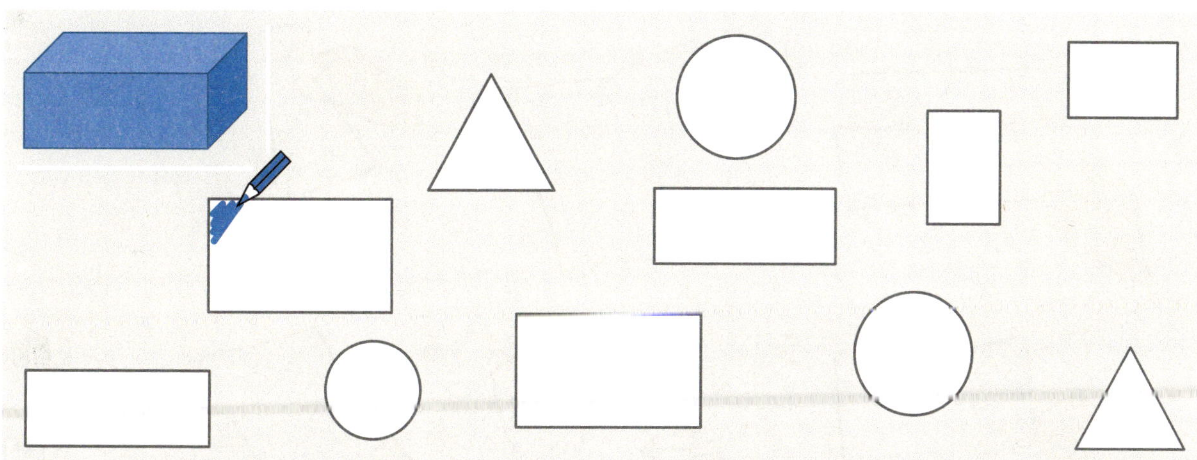

3 ★ Welche Flächen gehören zu dem Zylinder? Male aus.

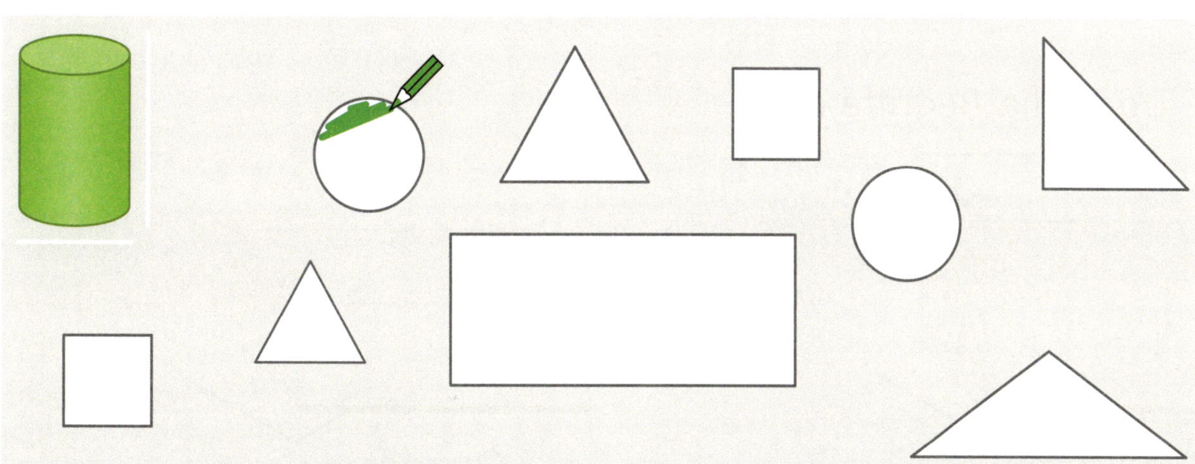

So gut kann ich die Aufgaben: ✓ ?

Ecken und Kanten

1 Falte.

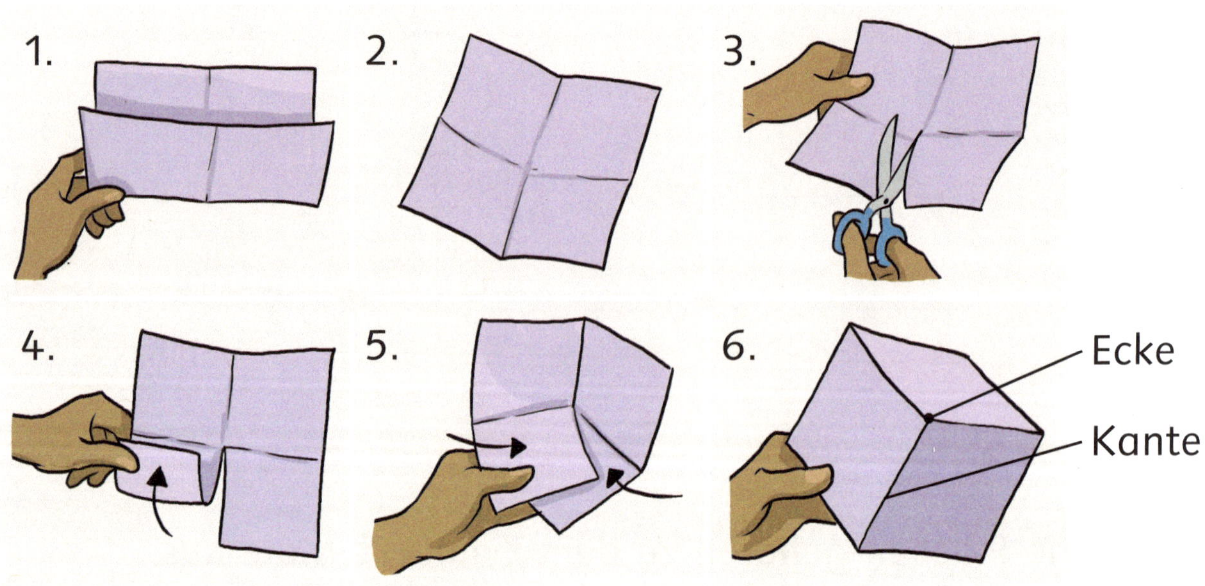

2 Trage die Begriffe ein.

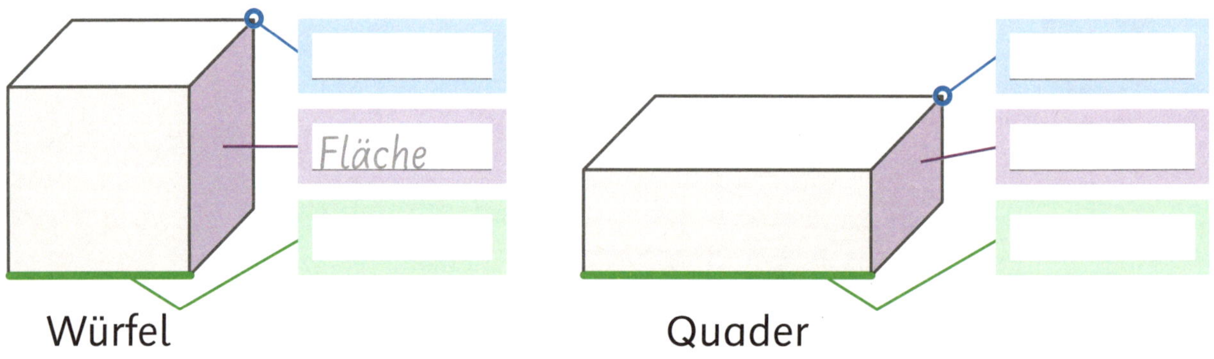

1 einen Notizzettel nach Anleitung falten, Ecken und Kanten erkennen 2 Begriffe eintragen

So gut kann ich die Aufgaben: ✓ ?

1 Untersuche die Körper.

Färbe alle Kanten grün.

Markiere alle Ecken blau.

a) Kanten:

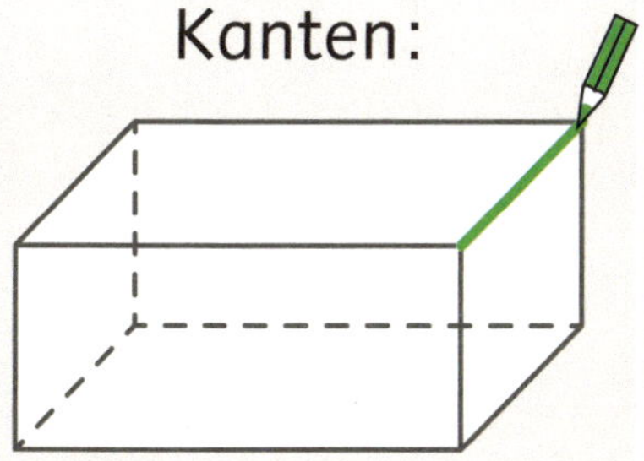

Ecken:

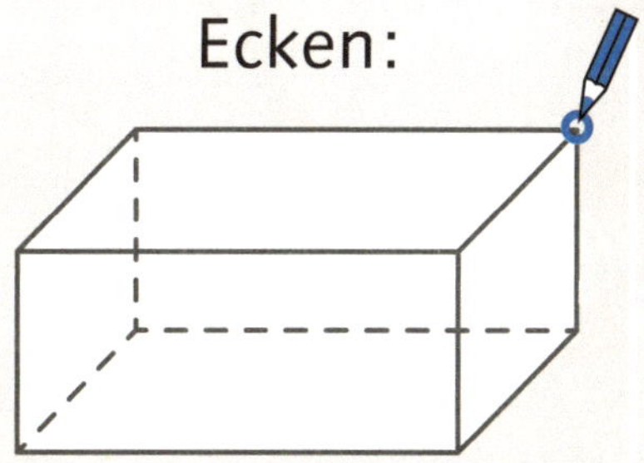

Der Quader hat ☐ Kanten und ☐ Ecken.

b) Kanten:

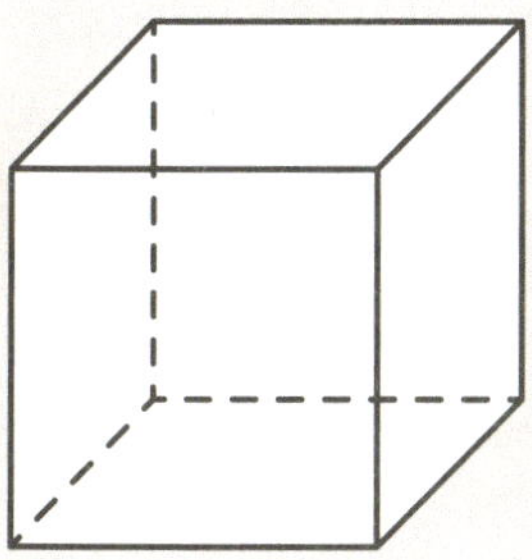

Ecken:

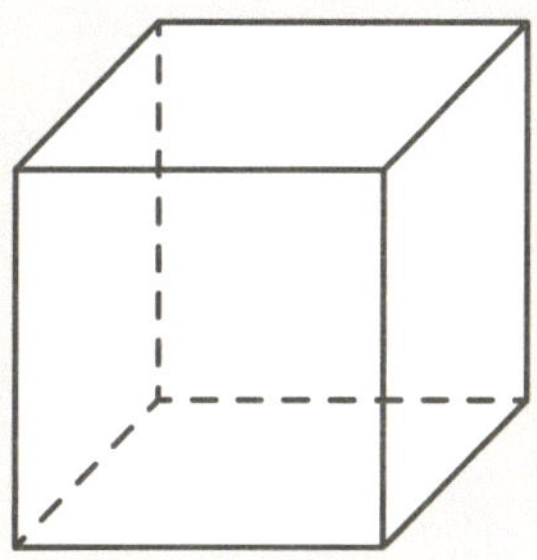

Der Würfel hat ☐ Kanten und ☐ Ecken.

c) Kanten:

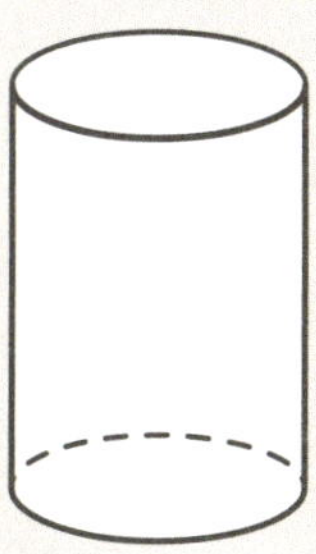

Ecken:

Der Zylinder hat ☐ Kanten und ☐ Ecken.

d) ★ Kanten:

Ecken:

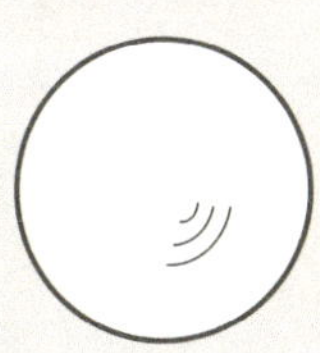

Die Kugel hat ☐ Kanten und ☐ Ecken.

So gut kann ich die Aufgaben: ✓ ?

Bauen mit verschiedenen Körpern

1 Welche Körper sind hier verbaut? Male und zähle.

a)

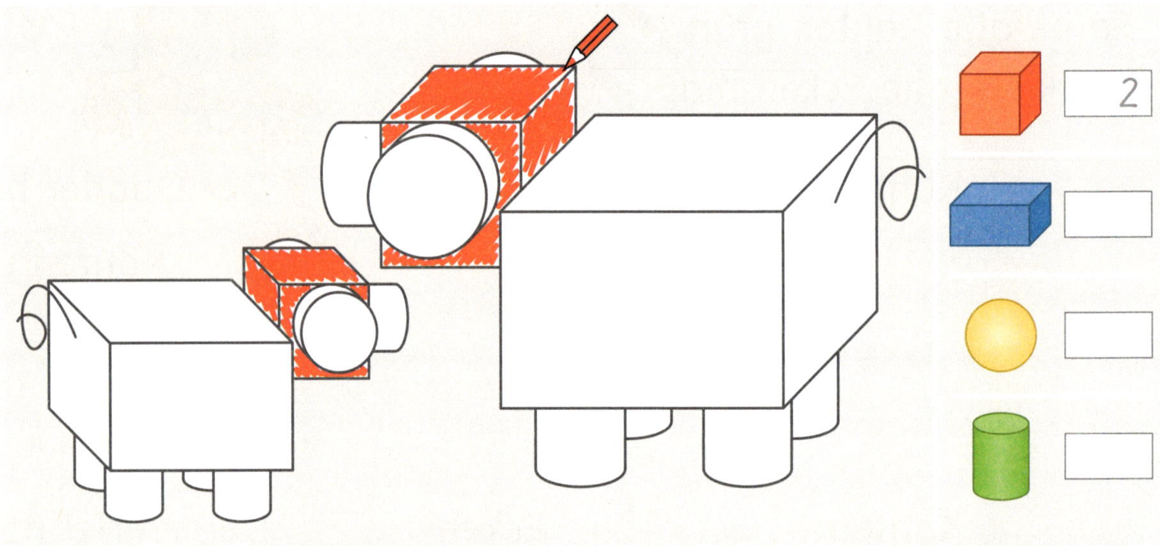

b)

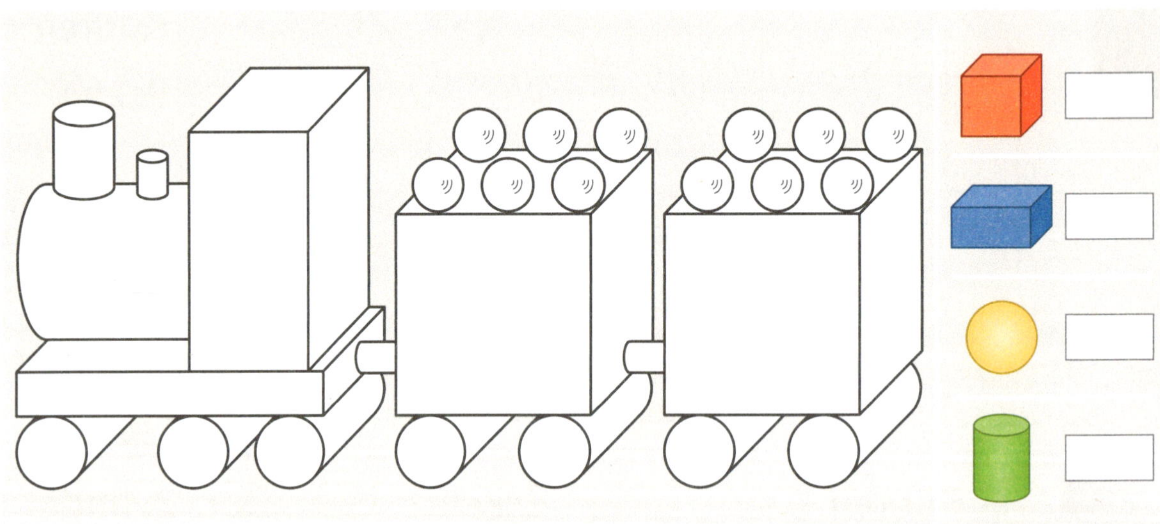

c)

Körper erkennen, ausmalen, zählen

So gut kann ich die Aufgaben: ✓ ?

1 Baue. Welcher Turm bleibt stehen? Kreuze an.

a) Turm aus Würfeln

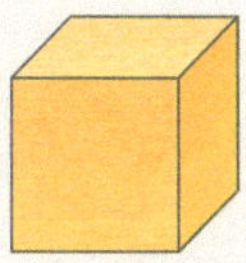

☐

b) Turm aus Zylindern

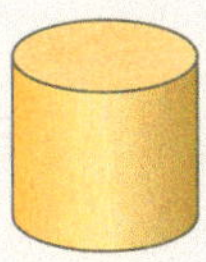

☐

c) Turm aus Quadern

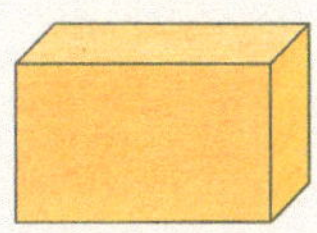

☐

d) Turm aus Kugeln

☐

2 Ordne zu.

 rollen

 stehen

 stapeln

So gut kann ich die Aufgaben: ✓ ?

1 Gegenstände stapeln, probieren; ankreuzen, welcher Turm möglich ist 2 Gegenstand den Eigenschaften zuordnen

Eigenschaften von Körpern

1 Untersuche die Körper und trage ein.

Körper		Wie viele Kanten?	Wie viele Ecken?	Wie viele Flächen?	Kann er rollen?
	Kugel	0	0	1	✓
					☐
					☐
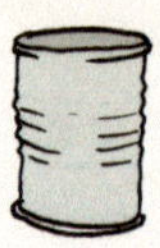					☐
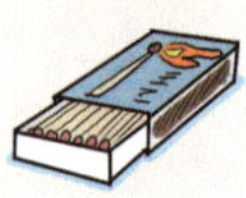					☐
					☐
					☐
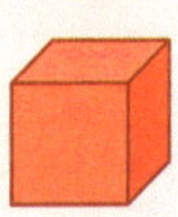					☐
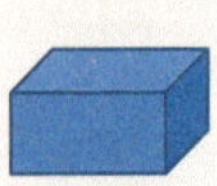					☐
					☐

Untersuchungsergebisse und Namen der Körper in die Tabelle eintragen

So gut kann ich die Aufgaben: ✓ ?

1 Richtig oder falsch? Kreuze an.

a)

Ein Zylinder hat keine Ecken.
☐ richtig
☐ falsch

Ein Quader kann rollen.
☐ richtig
☐ falsch

Würfel kann man stapeln.
☐ richtig
☐ falsch

Ein Zylinder hat drei Flächen.
☐ richtig
☐ falsch

Ein Würfel hat 12 Kanten.
☐ richtig
☐ falsch

Eine Kugel hat 8 Ecken.
☐ richtig
☐ falsch

b)

Mein Körper hat 6 Kanten.
Es ist ein Quader.
☐ richtig
☐ falsch

Mein Körper hat zwei Kanten.
Es ist ein Zylinder.
☐ richtig
☐ falsch

Mein Körper hat 6 Flächen.
Es ist ein Würfel.
☐ richtig
☐ falsch

2 Welche Körper sind es? Ergänze.

★

So gut kann ich die Aufgaben: ✓ ?

1 Wahrheitsgehalt der Aussagen prüfen und ankreuzen
2 Körperrätsel lösen und den Namen des Körpers eintragen

Das weiß ich noch

Bauen mit Würfeln

1 Baue nach. Ordne zu.

1	3	1

2	3	0

2	1	3

2 Baue nach. Schreibe den Bauplan.

a) 

b) 

c) 

d) 

e) 

f) 

g) 

h) 

i) 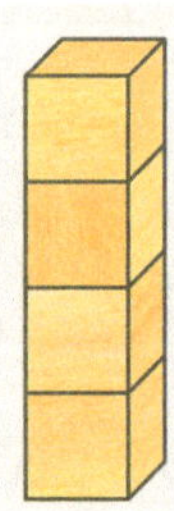

1 Würfelbauten nachbauen und den Bauplänen zuordnen
2 Würfelbauten nachbauen, Bauplan schreiben

So gut kann ich die Aufgaben: ✓ ?

Bauen mit Würfeln

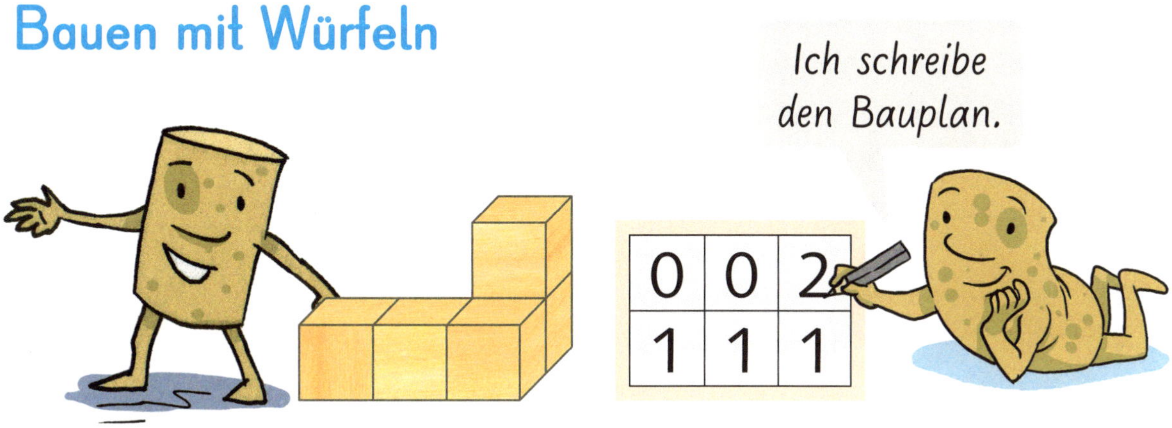

1 Baue nach. Ordne zu.

2	3	2
0	1	0

1	3	3
0	0	1

1	2	3
0	2	3

2 Baue nach. Schreibe den Bauplan.

a) 

b) 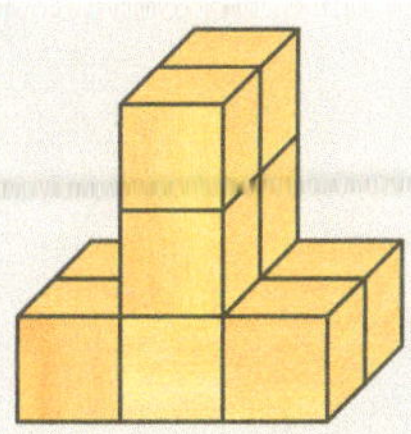

c) 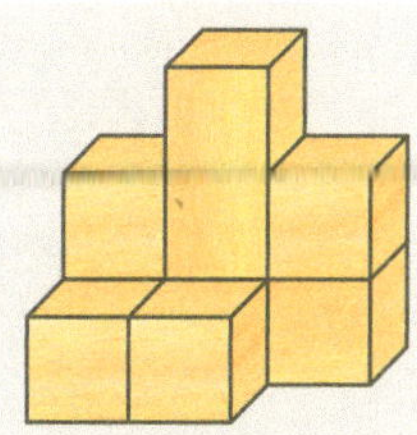

d) 

e) 

f) 

So gut kann ich die Aufgaben: ✓ ?

1 Würfelbauten nachbauen und den Bauplänen zuordnen
2 Würfelbauten nachbauen, Bauplan schreiben

1 Baue nach. Ordne zu.

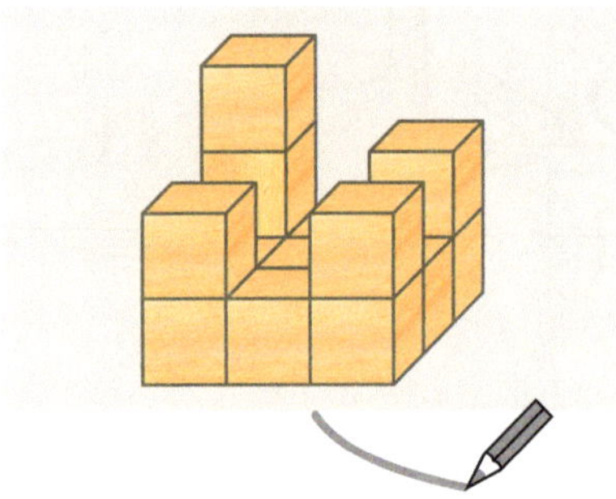

1	3	2
1	2	1
1	1	1

3	1	2
1	1	1
2	1	2

2	2	1
3	2	1
2	2	1

2 Baue nach. Schreibe den Bauplan.

a)

b)

c)

d)

e)

f)

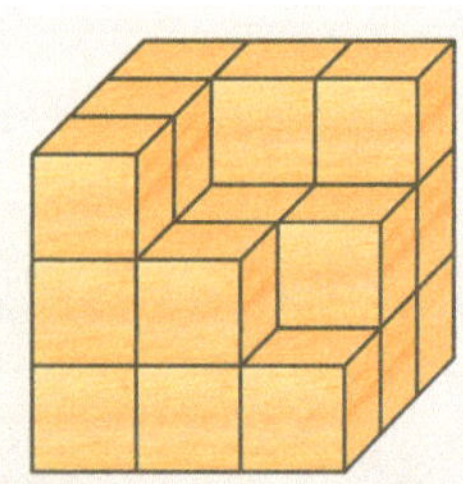

1 Würfelbauten nachbauen und den Bauplänen zuordnen
2 Würfelbauten nachbauen, Bauplan schreiben

So gut kann ich die Aufgaben: ✓ ?

1 Wer sieht was? Verbinde.

2	1	1
1	3	2
1	2	1

1	2	1
2	3	1
1	1	2

1	1	2
2	3	1
1	2	1

1	2	1
1	3	2
2	1	1

2 Welches Bauwerk siehst du? Schreibe den Bauplan.

So gut kann ich die Aufgaben: ✓ ?

1 Würfelbau nachbauen und erkennen, welcher Bauplan zu welchem Kind passt 2 Würfelbauten nachbauen, Bauplan schreiben

Geometrische Körper

1 Welche Flächen gehören zu welchem Körper? Verbinde.

✓ ?

2 Trage ein.

✓ ?

	Wie viele Kanten?	Wie viele Ecken?	Wie viele Flächen?	Kann er rollen?
Zylinder				
Kugel				
Würfel				
Quader				

3 Schreibe den Bauplan.

✓ ?

a)

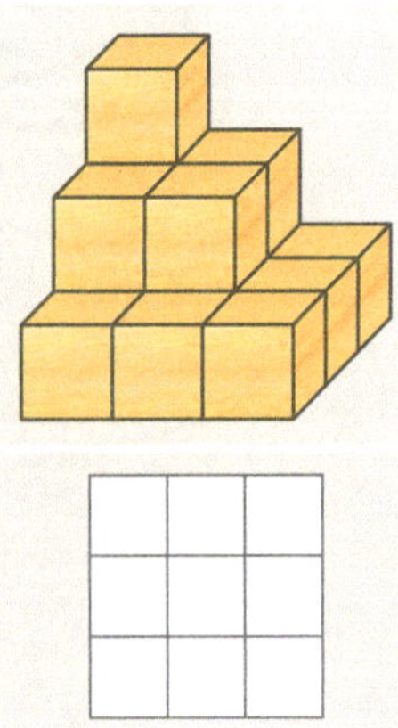

b)

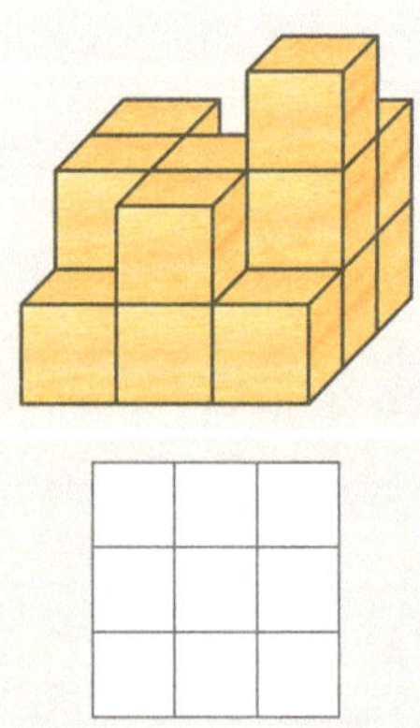

c)

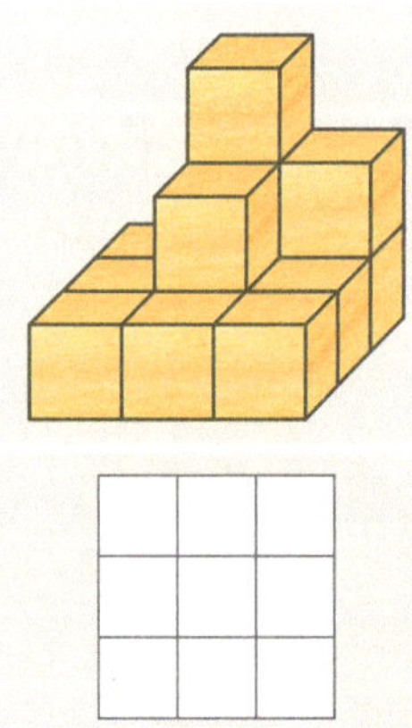